LISE-MARIE BEME

EN ATTENDANT DEMAIN

Suivi du conte : LE VIEIL HOMME ET SA PIPE.
Et Bonus.

Couverture illustrée par
Blandine MAURICE
http://joy-ster.skyrock.com

Traduit du français par
Anne-Claire

Edition illustrée par l'auteur.

INEDIT

© 2013, Beme
Edition : BoD - Books on Demand
12/14 rond-point des Champs Elysées
75008 Paris
Imprimé par BoD – Books on Demand, Norderstedt, Allemagne
ISBN : 9782322033898
Dépôt légal : Novembre 2013

Aux enfants lune et à leur famille.
À ceux capable d'aimer sans juger ni rien attendre en retour.

*Si être poète est une maladie, alors je mourrais comme j'ai vécue.
Rongée par les vers.*

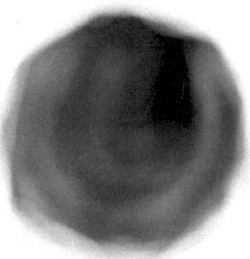

*Peu importe le chemin sombre que tu prendras...
You can feel that pain.*

GROS TITRES :

p.8 À la mer(e) !
p.10 Art
p.12 Boom
p.16 Change
p.20 Dans la lumière du matin
p.22 Dans nos vi(ll)es !
p.26 Déclaration expressive !
p.28 Demande à la lune, « Pourquoi ? »
p.32 Elle...
p.34 Folles raisons
p.36 Goûte-moi
p.38 Liste des ingrédients à l'amour
p.42 Lorsqu'elle me touche
p.46 Mais si... la vie est belle !
p.48 Musicalement-tienne
p.50 Oh ! Toi
p.54 Petits mots d'amour
p.56 Poème du jour et Poème sans titre
p.58 Que j'aime
p.62 Si tu « il » nous vous « ils » (À lui)
p.64 Un baiser pour un battement de cœur
p.66 Aux âmes perdues
p.70 Champs
p.72 Ô enfants de la lune

QUELQUES MOTS DOUX EN FRANCAIS
p.76. À toi
p.78. Sans souci
p.79 Crémation

CONTE
p.80. Le vieil homme et sa pipe.

p.82. EN ATTENDANT DEMAIN

BONUS.
p.83

To the sea and to the mother

To the mother
Who left this world
To the sea
The last to go.
To the sea
Streaming enlightened.
To the mother
Who left.

To the mother
We have loved so much.
To the sea
Who saw us swim.
To the sea
Who keels us over.
To the mother
Who makes us laugh.

O the sea!
O the sea...
To the sea.

O... the mothers.

June 2, 2009.

À la mer(e) !

À la mère
Qui repose sous mes pieds
À la mer
Qui s'en va en dernier.
À la mer
Qui ruisselle éclairée.
À la mère
Qui est restée.

À la mère
Que l'on a tant aimée.
À la mer
Qui nous a vus nager.
À la mer
Qui nous fait chavirer.
À la mère
Qui nous fait rigoler.

Ah la mer !
Ah la mer...
A la mer.

Ah... Les mères.

2 Juin 2009.

Art

In the morning light,
When the sun is shining afar,
And the world is still asleep,
I map the shapes of her body.

With my eyes
With my hands.
My pencils
On my sheets of paper.
I draw the curves
That form the shapes of her body.
Her shapes that destroy me
Like a dagger right in my chest
To root my resentment within my heart.

At the dawn of a new day,
Behind this lampshade
I am giving myself fully.

The moon has slipped away
And I am slipping away too,
Before the awakening
Of my velvet-winged angel.
I stealthily move away
Not to frighten her away.

I have spent the night
Contemplating her
Like one gazes at a masterpiece,
Even though my heart knows,
That it is already too late for me...

19th of June 2009.

Art

Dans la lumière du matin,
Quand le soleil brille au loin,
Et que tout le monde dort encore,
Je dessine les formes de son corps.

Avec mes yeux
Avec mes mains.
Mes crayons
Sur mes feuilles à dessin.
Je dessine les courbes
Que forment les formes de son corps.
Ses formes qui me déciment
À coups de poignard en pleine poitrine
Pour river dans mon cœur ma rancœur.

À l'aube du nouveau jour,
Derrière cet abat-jour
Je me donne au grand jour.

La lune s'est éclipsée
Et je m'éclipse à mon tour,
Avant que ne s'éveille
Mon ange aux ailes de velours.
Je m'éloigne à pas feutrés
Pour ne pas l'apeurer.

J'ai passé la nuit
À la contempler
Comme on contemple une œuvre d'art,
Même si mon cœur sait,
Que pour moi il est déjà trop tard...

19 Juin 2009.

BOOM

No matter if it lasts,
An hour, a second or a measure.
As long as I live them ;
As long as it lasts.
I will neglect for a little while
That it is the Earth resuming.

And if even after all this
I start to lose grounds,
I hope never to forget
And be able to start again.

I will tell myself that
No matter if it lasts,
And that what is hardest
Does not always show.

An hour, a second, a measure.
To the greatness of souls
There is no half measure.
I bravely move forward
Hoping everything turns back to how it was.

The sky a transparent blue
Like her piercing eyes.
My heart wavered
Going the other way.

BOOM

Peu importe Si ça dure,
1 heure, 1 seconde ou 1 mesure.
Du moment que je les vis ;
Et pourvu que ça dure.
J'oublierai pendant un temps
Que c'est la Terre qui reprend.

Et si après tout ça
Je commence à perdre pied,
J'espère ne jamais oublier
Et pouvoir tout recommencer.

Je me dirai que
Peu importe si ça dure,
Et que ce qu'il y a de plus dur
Ne se voit pas forcément.

1 heure, 1 seconde, 1 mesure.
À la grandeur des âmes
Pas de demi mesure.
J'avance à grands pas vers l'avant
En espérant que tout soit comme avant.

Le ciel d'un bleu transparent
Comme ses yeux transperçants.
Mon cœur a chaviré
S'en allant de l'autre côté.

The rough sea
Like my troubled heart
Approached by a love
Shaking everything up.

An hour, a second or a measure.
My hearbeats
Have no half measure.
Like a child adrift on a raft
I am giving her my heart before it breaks.

La mer mouvementée
Comme mon cœur bouleversé
Abordé d'un amour
Venu tout bousculer.

1 heure, 1 seconde ou 1 mesure.
Les battements de mon cœur
N'ont pas de demi-mesure.
Comme l'enfant perdu sur une barque
Je lui donne mon cœur avant qu'il ne craque.

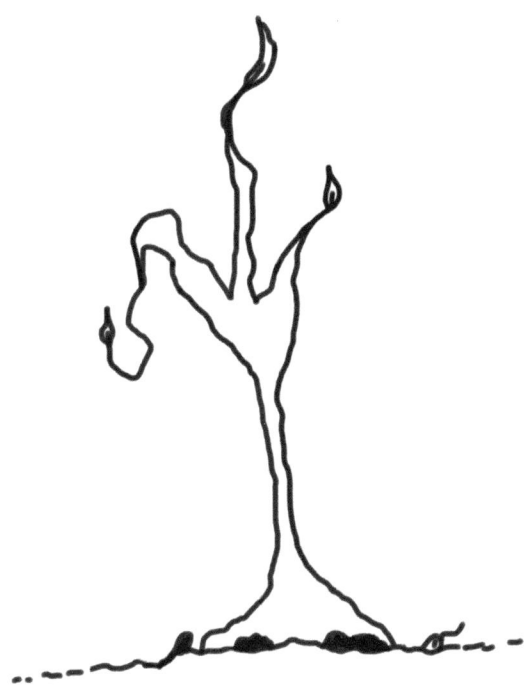

Change

*I cannot change my heart.
I cannot change what I feel.
It feels so good to love
Fair child.*

*It feels so good to live under the sun
Of a safe and non outdated love.
To love is to thank life
To live something
For others and not for oneself anymore.
It is to live again
Even if you don't believe.*

*I cannot change what I am.
I cannot change those who run away from me.
I cannot change my fear
Even if it is life teaching me.
Feeling the sun on me
Warming my skin
Like "she" warms my heart.*

*Never lose the taste of life.
Only live your desires
To envy no one.
And never forget
That it is so good to love.*

*Do not change who you are
But change your gaze.
The approach misleading you
To know who you are
And not to forget
How beautiful it is to love.*

Change

Je ne peux pas changer mon cœur.
Je ne peux pas changer ce que je ressens.
C'est si bon d'aimer
Bel enfant.

C'est si bon de vivre sous le soleil
D'un amour sûr et pas suranné.
Aimer c'est dire merci à la vie
De vivre quelque chose
Pour les autres et non plus que pour soi.
C'est vivre à nouveau
Même si tu n'y crois pas.

Je ne peux pas changer ce que je suis.
Je ne peux pas changer ceux qui me fuient.
Je ne peux pas changer ma peur
Même si c'est la vie qui me l'apprend.
Sentir sur moi le soleil
Réchauffer ma peau
Comme "elle" réchauffe mon cœur.

Ne perds jamais le goût de la vie.
Ne vis que tes envies
Pour n'envier personne.
Et n'oublie jamais
Qu'il est si bon d'aimer.

Ne change pas qui tu es
Mais change ton regard.
L'approche qui t'égare
Pour savoir qui tu es
Et ne pas oublier
Comme c'est si beau d'aimer.

I cannot change the moon into the sun.
I cannot hide the stars in the sky.
I can change my gaze
Even if I get lost with anything.

I cannot change your heart,
I cannot change how you feel.
But I will still try
Because it is so beautiful to love fair child...

Je ne peux pas changer la lune en soleil.
Je ne peux pas cacher les étoiles dans le ciel.
Je peux changer mon regard
Même si d'un rien je m'égare.

Je ne peux pas changer ton cœur,
Je ne peux pas changer ce que tu ressens.
Mais j'essaierai quand même
Car c'est si beau d'aimer bel enfant...

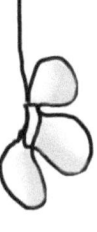

In the morning light

Dance dance little fairy.
Never let your light shine out.
Above all do not forget to love without fear.
Dance dance little fairy.

Dance, dance for her,
To see her eternal smile.
Dance dance, again and again,
To all the most beautiful chords.

Dance in the morning light.
Dance in her arms
And laugh out loud.
Dance, dance, dance and dance again.

Dance little fairy and fly away.
Your light is there
Before your eyes and in your heart
It shines upon you a ray of happiness.

Dance little fairy in the morning light
Enfold life like an orphan
Dance dance dance little fairy
You will never see your life fly away.

Dance little fairy,
Keep that smile
Spread your laughter
And dance dance dance, ever in the light...

-To all the little girls -

Dans la lumière du matin

Danse danse petite fée.
Ne laisse jamais ta lumière s'éteindre.
N'oublie surtout pas d'aimer sans craindre.
Danse danse petite fée.

Danse, danse pour elle,
Pour voir son sourire éternel.
Danse danse, encore et encore,
Sur tous les plus beaux accords.

Danse dans la lumière du matin.
Danse dans ses bras
Et ris aux éclats.
Danse, danse, danse et danse encore.

Danse petite fée et envole-toi.
Ta lumière est juste là
Sous tes yeux et dans ton cœur
Elle met sur toi un rayon de bonheur.

Danse petite fée dans la lumière du matin
Enveloppe la vie comme un orphelin
Danse danse danse petite fée
Tu ne verras jamais ta vie s'envoler.

Danse petite fée,
Garde ce sourire
Distribue tes rires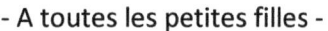
Et danse danse danse toujours dans la lumière...

- A toutes les petites filles -

In our cities

Dirty city,
Poor city,
Sound city
That bleeds
Paupers' blood.

Filthy city,
Jolting
Other people's drive.
The street like an avenue
I came
I saw her
Shielding myself
Of my bare eyes.

The city is beautiful,
The city is filthy
And disgusting
Like a whore
Grazing
Discontent.

I am the night
That in the day
Embraces your life.
I am the life
That in the night
Turns off the day.

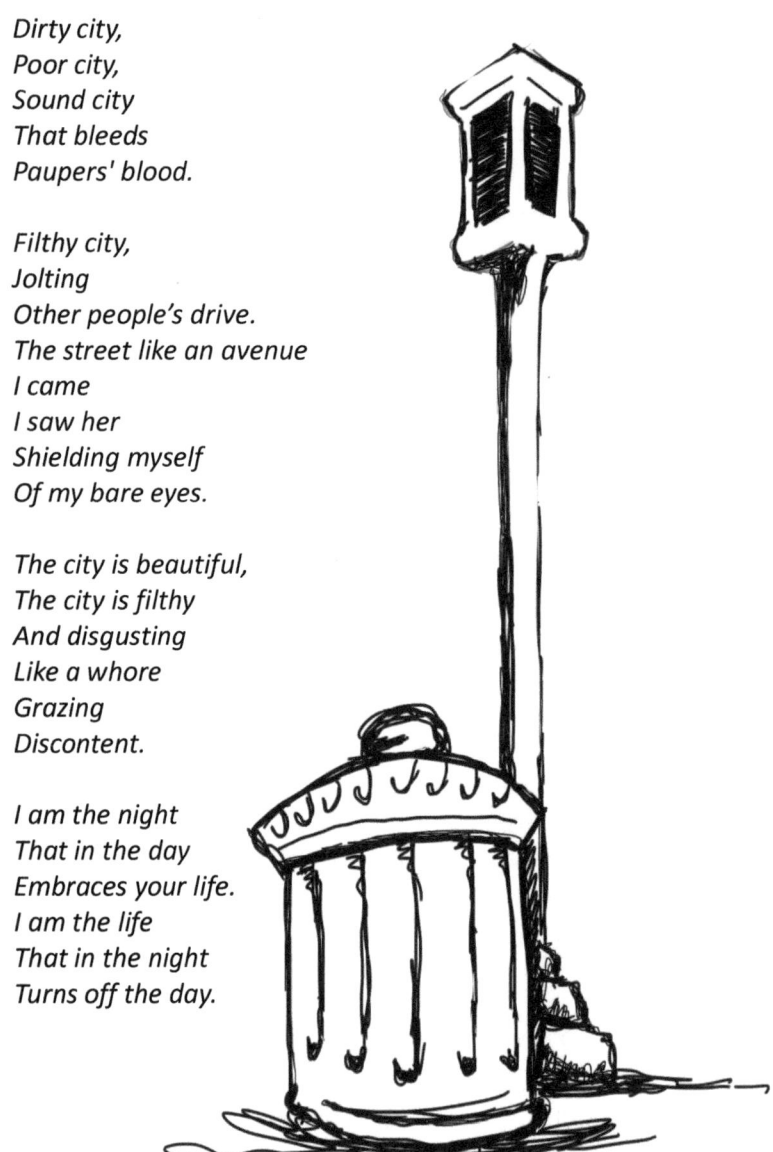

Dans nos vi(ll)es !

Ville sale,
Ville pauvre,
Ville saine
Qui saigne
Le sang des pauvres.

Ville crade,
Qui saccade
La marche des autres.
La rue comme une avenue
Je suis venue
Je l'ai vue
Sans être nue
De mes yeux crus.

La ville est belle,
La ville est crade
Et dégueulasse
Comme une pétasse
Qui rase le sol
De son ras le bol.

Je suis la nuit
Qui dans le jour
Etreint ta vie.
Je suis la vie
Qui dans la nuit
Eteint le jour.

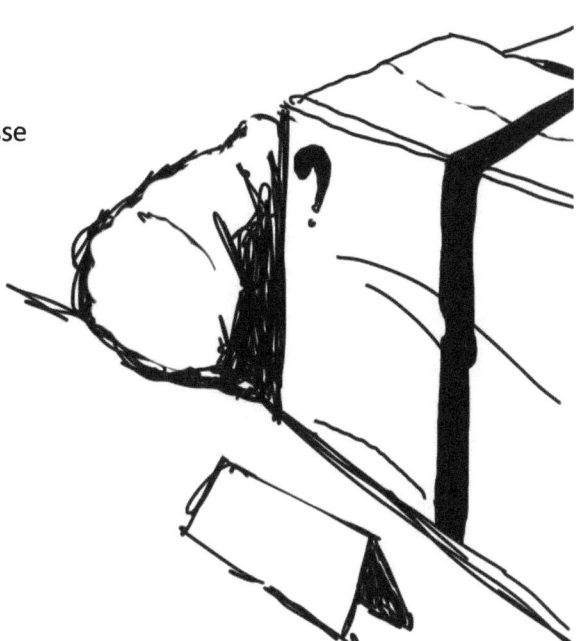

*Stranded city
Of a deposed love
Of lost lives
In the abysses
From the high peaks
Decimating us
And it is a crime.*

*I want death
I want life
And with a scream
I envy yours
I want your life
And you envy me.*

May 30, 2009.

Ville en rade
D'amour déchu
De vies perdues
Dans les abîmes
Du haut des cimes
Qui nous décime
Et c'est un crime.

Je veux la mort
Je veux la vie
Et dans un cri
Je te l'envie
Je veux ta vie
Et tu m'envies.

30 Mai 2009.

Expressive declaration

I love you like I love the sun,
I love you like I love seeing you smile,
I love you for no obvious reason.
I love you like I love life,
I love you like I love simply saying thank you.

I love you because you are beautiful
Because you make my life more real.
I love you because you are independent.
I love you because you make me dependant.
I love you even when you are not there.
I love you because you are you.

I love you for the harvest.
I love you a little and even a lot.
I love you with my insanity,
I love you with my passion,
I love you even not "not at all",
I love you period.

I love you because I love you.
I love even the things you don't know about.
I love you and I can't help it,
I love you. I hope you don't mind.
I love you even if you are not in my arms
"I love you" I cannot be clearer!

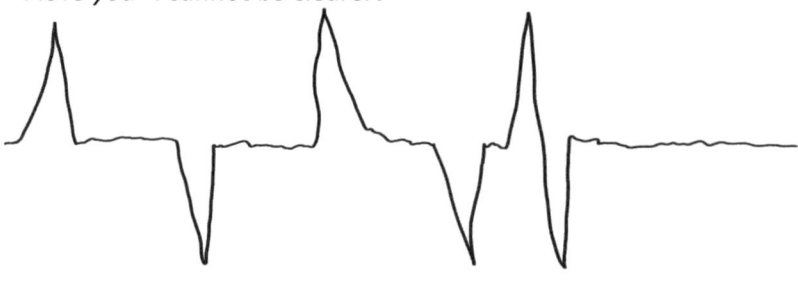

Déclaration expressive !

Je t'aime comme j'aime le soleil,
Je t'aime comme j'aime voir un sourire sur tes lèvres,
Je t'aime sans raison apparente.
Je t'aime comme j'aime la vie,
Je t'aime comme j'aime dire simplement merci.

Je t'aime parce que tu es belle
Parce que tu rends ma vie plus réelle.
Je t'aime parce que tu es indépendante.
Je t'aime parce que tu me rends dépendante.
Je t'aime même quand tu n'es pas là.
Je t'aime parce que tu es toi.

Je t'aime pour la cueillette.
Je t'aime un peu et même beaucoup.
Je t'aime avec ma folie,
Je t'aime avec ma passion,
Je t'aime même pas "pas du tout",
Je t'aime un point c'est tout.

Je t'aime parce que j'aime.
J'aime même les choses que tu ne sais pas.
Je t'aime et c'est plus fort que moi,
Je t'aime. J'espère que tu ne m'en veux pas.
Je t'aime même si tu n'es pas dans mes bras
"Je t'aime" être plus claire, je ne peux pas !

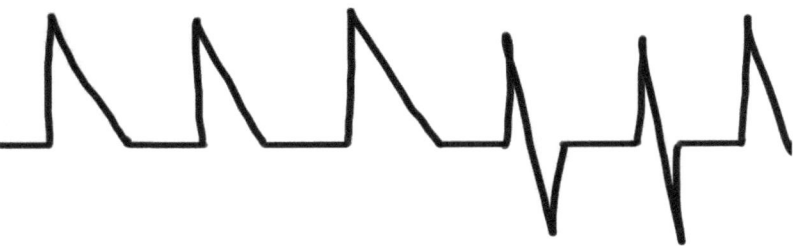

Ask the moon "why?"

She is like the pounding in my head.
She is like the tears that do not flow.
She is like the enduring pain.
She is like strength I do not have.

Why would she be like me?
When I am nothing.
Not even one of her heartbeats,
Not even a flutter of her eyelashes.
Not even a smile on her lips,
Not even a smile in her eyes.

Why doesn't she see the curves
Appearing before my eyes?
Her head, her forehead, her eyes, her nose, her cheeks, her mouth,
Her waving hair, her neck, her shoulders, her muscular arms,
Her chest, her breasts, her waist, her hips, her skinny thighs,
The hollow of her back, her derriere, her greatness of her soul.

Why, even now, can I smell the perfume in the wind?
Why, by losing myself, am I losing her?
Sweet perfume I will never have...
Draw me a cloud where I could sleep for eternity,
Draw me a cloud where I can breath,
Because had it been me, he would have cried.

Demande à la lune, "Pourquoi ?"

Elle est comme les martèlements dans ma tête.
Elle est comme les larmes qui ne coulent pas.
Elle est comme la douleur qui reste.
Elle est comme la force que je n'ai pas.

Pourquoi serait-elle comme moi ?
Alors que je ne suis rien.
Pas même un battement de son cœur,
Pas même un battement de ses cils.
Pas même un sourire sur les lèvres,
Pas même un sourire dans ses yeux.

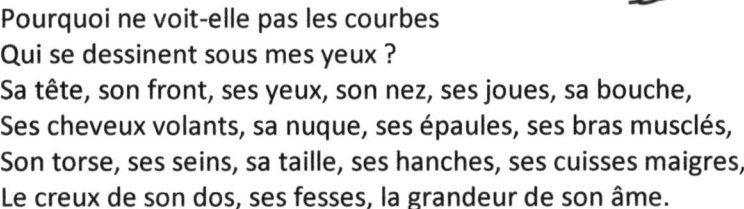

Pourquoi ne voit-elle pas les courbes
Qui se dessinent sous mes yeux ?
Sa tête, son front, ses yeux, son nez, ses joues, sa bouche,
Ses cheveux volants, sa nuque, ses épaules, ses bras musclés,
Son torse, ses seins, sa taille, ses hanches, ses cuisses maigres,
Le creux de son dos, ses fesses, la grandeur de son âme.

Pourquoi, encore maintenant, je sens son parfum dans le vent ?
Pourquoi, à me perdre, suis-je en train de la perdre ?
Doux parfum que je n'aurais jamais...
Dessine-moi un nuage où je pourrais dormir pour l'éternité,
Dessine-moi un nuage que je puisse respirer,
Car à ma place, il pleurerait.

*I am not even
A small grain of salt from her tears,
A small grain of sand in her sea.
So why stay
Hearing the incessant tic tac of the clock
And see the hands turn without ever seeing her come?*

*I am but the shadow of myself?
A vain hope of fixed fight
Without even having begun.
Why run after the wind?
I had my arms wide open to welcome her
Remains the very bitter tears that won't go away.*

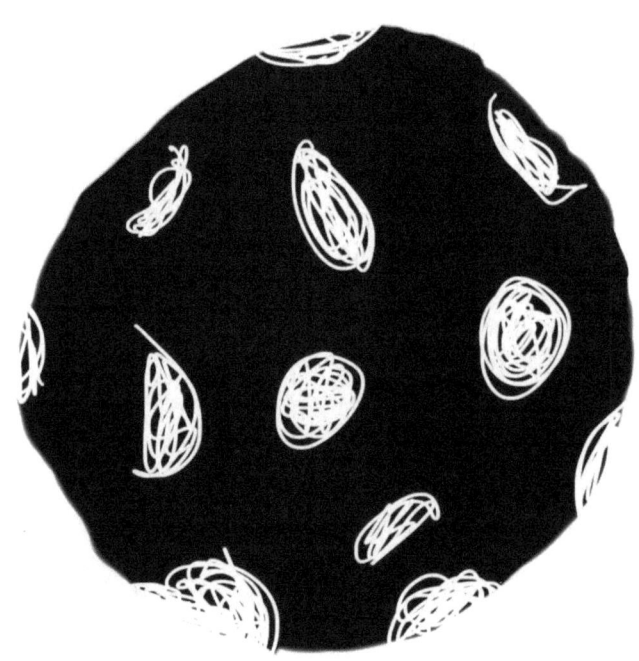

Je ne suis pas même
Un petit grain de sel de ses larmes,
Un petit grain de sable dans sa mer.
Alors pourquoi rester
Et entendre le tic-tac incessant de l'horloge
Et voir les aiguilles tourner sans jamais la voir arriver ?

Pourquoi ne suis-je que l'ombre de moi-même ?
Un espoir vain de combats arrêtés
Sans même avoir commencé.
Pourquoi courir après le vent ?
J'étais les bras grands ouverts pour la prendre dans mes bras
Reste les larmes bien amères qui ne m'abandonnent pas.

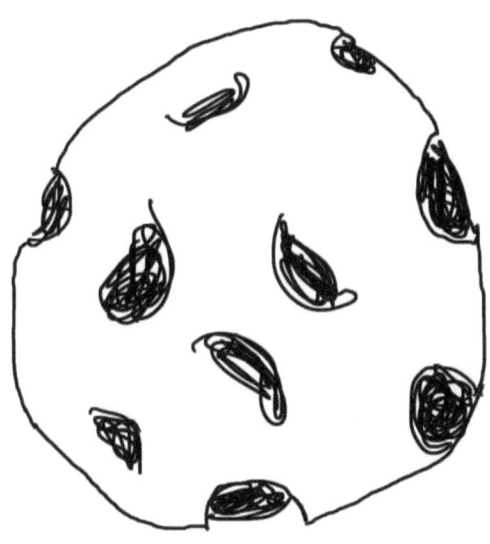

She

I barely know her,
But I desire her still.
I think of her always,
I miss her infinitely.

She is like spring
She makes joy sprout within me.
She is like time
Of which I do not get tired of.

She is all the rays
Of the rows of my heart.
She puts the butterflies
On a bouquet.

She is like the breeze
That would kiss me
On my blushing cheeks
By life too.

Loving her is living fully,
So as to die better after
Even infinitely.
But it is not on purpose

I love her madly.
But I have lost myself.
Because to be in love with an angel,
Is like exposing oneself.

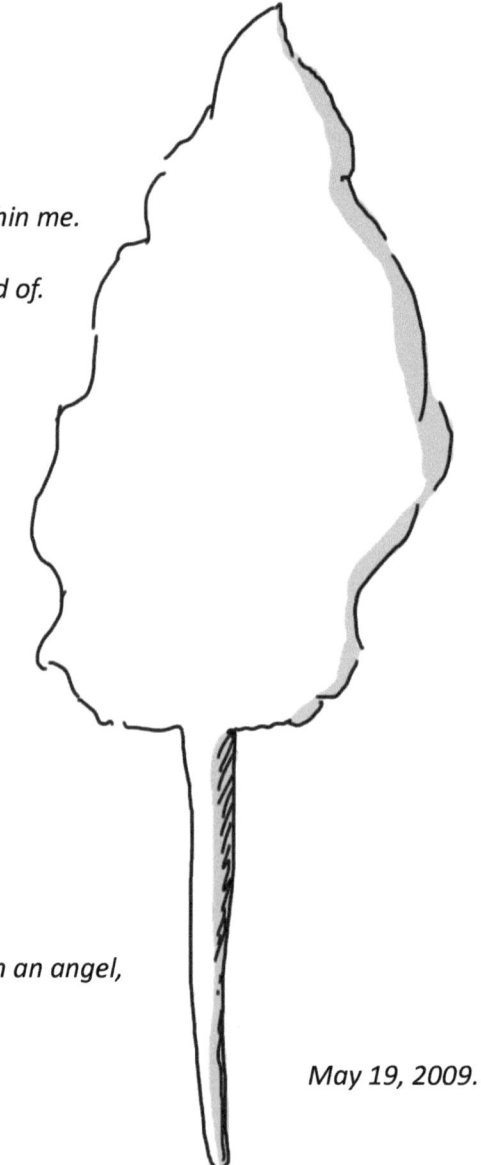

May 19, 2009.

Elle...

Je la connais à peine,
Mais la désire pourtant.
Je pense toujours à elle,
Elle manque infiniment.

Elle est comme le printemps
Elle met en moi la joie.
Elle est comme le temps
Dont je ne me lasse pas.

Elle est tous les rayons
Des rangées de mon cœur.
Elle met des papillons
Sur un bouquet de fleurs.

Elle est comme la brise
Qui me ferait la bise
Sur mes joues rosies
Par la vie aussi.

L'aimer c'est vivre pleinement,
Pour mieux mourir après
Et même infiniment.
Mais ce n'est pas exprès

Je l'aime éperdument.
Mais je me suis perdue.
Parce qu'aimer un ange,
C'est comme se mettre à nu.

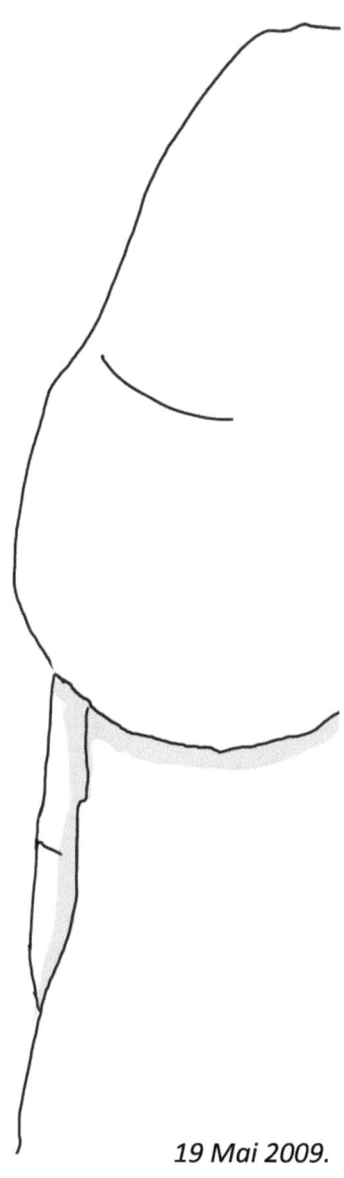

19 Mai 2009.

Mad reasons

Just heartbroken
By the breeze
Facing the wind
Breaking us down.

Friendship going wrong
Gone, devoured by life
Binding and unbinding us,
By Time
That I envy.

Delivering grip
Wanting to say it all
Tearing the entrails apart
And that messes everything up.

Mistaking in love
The encompassed velvet
Slipping through our fingers
And releases our envies
Of dying reunited.

Violent response
Going deeper and hammering
The brain
And then Reason.

Just a leaning heart
Split in half
Like the Heart
And reason.

Skid and catch
To steal a kiss
Gone facing the wind
Hoping...

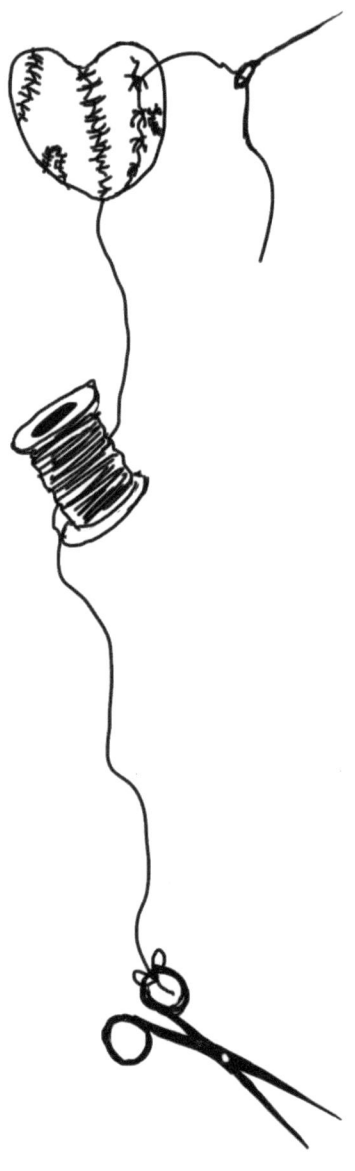

Folles raisons

Juste le cœur brisé
Par la brise
Face au vent
Qui nous brise.

Dérape l'amitié
Envolée, dévorée par la vie
Qui nous relie, nous délie
Par le temps
Que j'envie.

Emprise qui délivre
L'envie de tout dire
Qui déchire les entrailles
Et qui fait que tout déraille.

Dérape en amour ;
Le velours entouré
Qui nous glisse des doigts
Et délivre nos envies
De mourir réunis.

Violemment la réponse
Qui s'enfonce et martèle
Le cerveau
Puis la raison.

Juste le cœur biaisé
Fendu en deux
Comme le cœur
Et la raison.

Dérape et attrape
Pour voler un baiser
Envolé face au vent
Espérer...

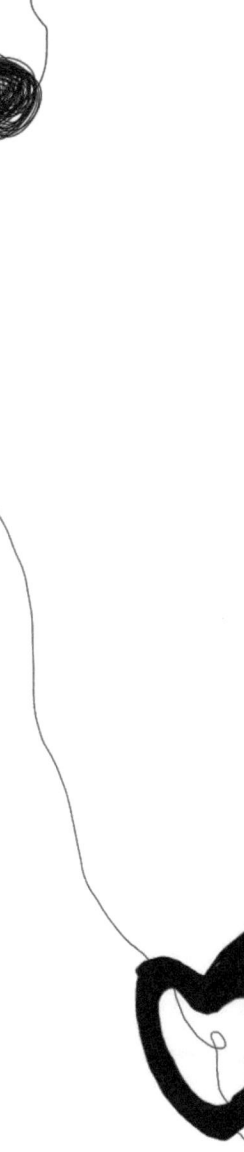

Taste Me

Taste her lips
Sweet perfume.
Bittersweet kiss
Like a pledge from the Heavens.

Short of breath,
Tears breathing.
The need to shout,
Overturning the heart.

A kiss of the divine,
Or divine kiss.
Ask nothing,
Stay serene.

Sweetness and warmth
To define her.
Distress as a goddess
We wish to retain.

To caress her skin,
Sweetness set free.
To taste her skin,
Like the most wonderful present.

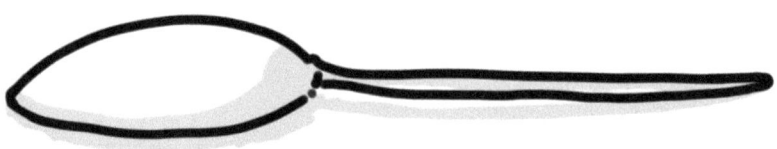

Goûte-moi

Goûter à ses lèvres
Parfum délicieux.
Baiser doux-amer
Comme promesse des cieux.

Le souffle coupé,
Les larmes qui respirent.
L'envie de crier,
Le cœur qui chavire.

Baiser du Divin,
Ou divin baiser.
Ne rien demander,
Et rester serein.

Douceur et chaleur
Pour la définir.
La détresse en déesse
Que l'on veut retenir.

Caresser sa peau,
Douceur se libère.
Goûter à sa peau,
Comme plus beau cadeau.

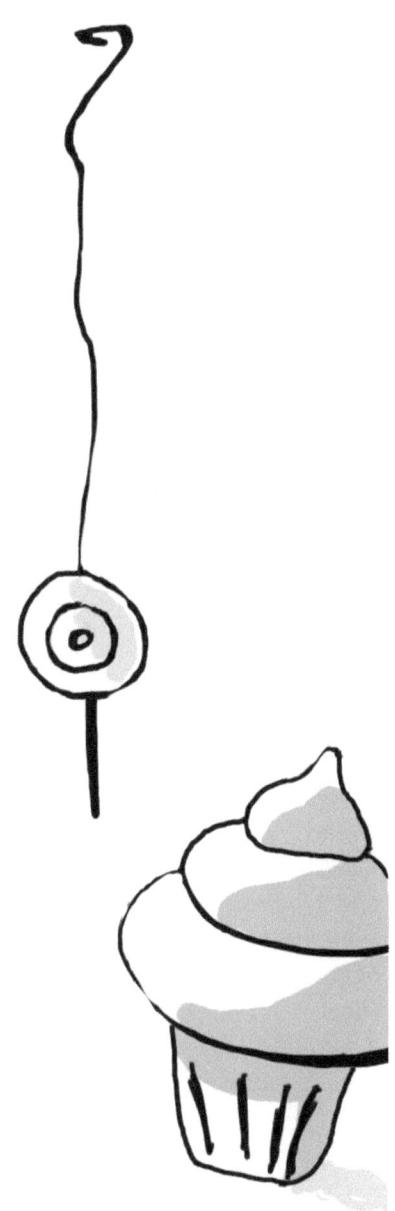

Ingredients of Love

1 minute
1 breath
1 kiss
1 word
1 parole
1 sentence
1 gesture
1 life
2 people
Maybe more...

1 sun
1 home
1 love
1 T.V.
1 reason
1 detour
1 life
1 baby
Maybe more...

Laughter
Smiles
Tickles
Cheerfulness
Happiness
In love
Hugs
1 wedding
Maybe more....

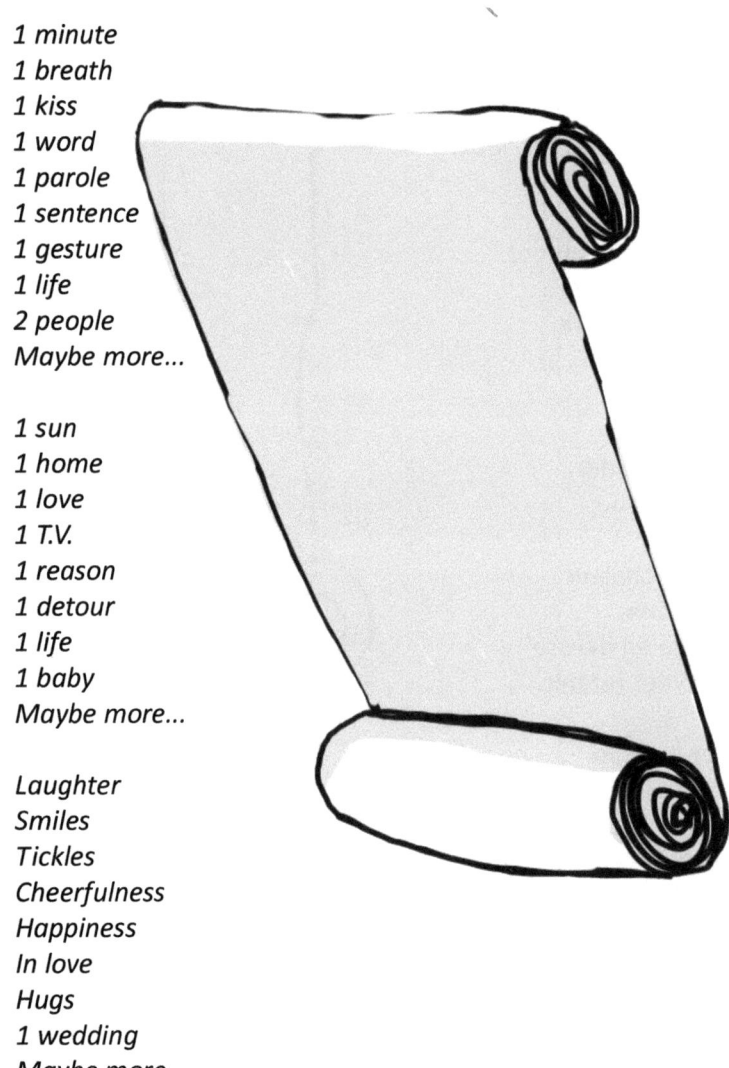

Liste des ingrédients à l'amour

1 minute
1 souffle
1 baiser
1 mot
1 parole
1 phrase
1 geste
1 vie
2 personnes
Voire plus…

1 soleil
1 maison
1 amour
1 télé
1 raison
1 détour
1 vie
1 bébé
Voire plus…

Rires
Sourires
Chatouilles
Bonne humeur
Heureux
Amoureux
Câlins
1 Mariage
Voire plus…

*Rows
Tears
Coleres
Shouts
Grimaces
Slaps
1 separation
Maybe more...*

Love is good. You just need to find the right mixture and the right quantity.

Use without caution.

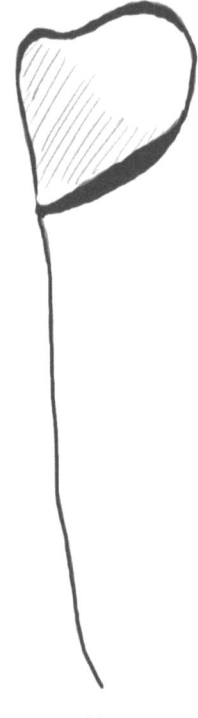

Engueulades
Pleurs
Colères
Cris
Grimaces
Claques
1 Séparation
Voire plus...

L'amour a du bon. Il suffit juste de trouver le bon mélange et la quantité.

A consommer sans modération.

When She Touches Me

*Every single of her glances,
I take off.
Everytime she touches me,
My feet don't touch the ground.
It is an electric current that electrocutes me,
Going through my stomach
And ending in my lower abdomen.*

*I don't understand what is happening
What is happening to me.
Why is it slamming?
Why is it vibrating?*

*I need her touch in spite of everything,
Her love,
Her smiles and her laughter.
I need to feel her.*

*Each of her words
Still resonates,
Like an echo
Like a treasure.
She found me
So she is keeping me.
She found me
So I am keeping her,*

Lorsqu'elle me touche

Chacun de ses regards,
Me fait décoller.
Chaque fois qu'elle me touche,
Je ne touche plus terre.
C'est un courant électrique qui m'électrocute,
Qui passe par mon estomac
Et finit dans mon bas ventre.

Je ne comprends pas ce qui se passe
Ce qui m'arrive.
Pourquoi ça claque ?
Pourquoi ça vibre ?

J'ai malgré tout besoin de son contact,
De son amour,
De ses sourires et de ses rires.
De la sentir.

Chacun de ses mots
Résonne encore,
Comme un Echo
Comme un trésor.
Elle m'a trouvée
Donc elle me garde.
Elle m'a trouvée
Donc je la garde,

*I don't understand what is happening
What is happening to me.
Why is it slamming?
Why is it vibrating?*

*Everything went so fast
That the wave is still whirling
I need her so much
That I am asking for more
In a word, a wrong gesture
I can lose myself
I can lose her
I can lose everything.*

*I don't understand what is happening
What is happening to me.
Why is it slamming?
Why is it vibrating?*

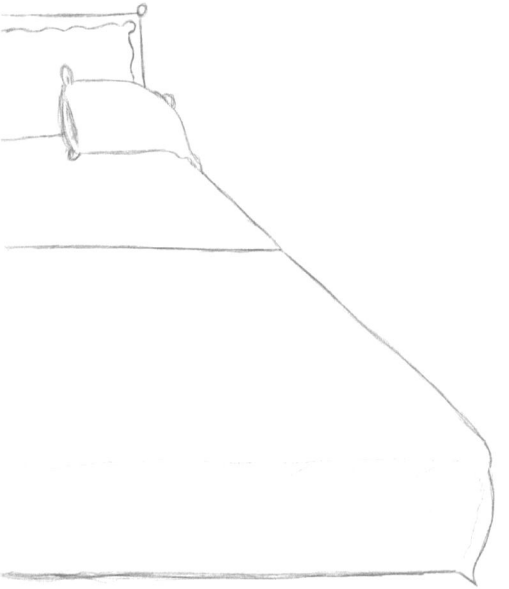

21 Mai 2009.

Je ne comprends pas ce qui se passe
Ce qui m'arrive.
Pourquoi ça claque ?
Pourquoi ça vibre ?

Tout est allé si vite,
Que la vague tourbillonne encore.
J'ai tellement besoin d'elle
Que j'en demande encore.
En un mot, un geste de travers
Je peux me perdre
Je peux la perdre
Je peux tout perdre.

Je ne comprends pas ce qui se passe
Ce qui m'arrive.
Pourquoi ça claque ?
Pourquoi ça vibre ?

21 Mai 2009.

But.. Life Is Beautiful

If she was told life is beautiful.
That when you think about it
Love may be caught with a shovel.
That to hide your eyes with your hands
Is like playing with destiny.
And that when you think about it

We would rather run in a field
Than going to the camps.
Smiling to see the rain,
Running after life,
Going on an adventure
With Ellen MacArthur.

If she was told love hurts.
And that
There is no age for hurting.
That living your life to the fullest
Is like playing with destiny.
And that when you think about it

We would rather go far
Than to suffer freely.
Screaming your heart out,
Striking to let it off,
And leave like before
Like Yann Arthus Bertrand.

If she was told life is just a breath,
That love consumes us.
If she was told that we are just
But the tenants of our lives.
And that if you think about it
We all live according to our own desires!

Mais si... La vie est belle

Si on lui disait que la vie est belle.
Qu'à bien y réfléchir
L'amour s'attrape peut-être avec une pelle.
Que de cacher ses yeux avec ses mains
C'est comme de jouer avec le destin.
Et qu'à bien y réfléchir

On préfère courir dans un champ
Que d'aller aux camps.
Sourire de voir la pluie,
Courir après la vie,
Partir à l'aventure
Avec Ellen MacArthur.

Si on lui disait que l'amour ça fait mal.
Et qu'en plus
Il n'y a pas d'âge pour avoir mal.
Que de vivre à mille à l'heure
C'est comme de jouer avec le destin.
Et qu'à bien y réfléchir

On préfère partir plus loin
Que de souffrir gratis.
Hurler à en crever,
Frapper pour se défouler,
Et partir comme avant
Comme Yann Arthus Bertrand.

Si on lui disait que la vie n'est qu'un souffle,
Que l'amour ça nous bouffe.
Si on lui disait que nous ne sommes
Que les locataires de nos vies.
Et qu'à bien y réfléchir
On vit tous selon nos propres envies !

Musically Yours

It is a song, it is lyrics
It is a person, it is a voice making me insane.
I am just saying what I have been thinking all along
So I am saying I love you indefinitely

Even if the start wasn't easy
Not everyone is perfect you can't love everyone
But mistakes are made to be made right,
Your voice charmed me, and never I will never get over it

Young Blandine is now grown-up
Even if I admit I wasn't a grown up at first
You are a tear in my eyes
A star in the skies.

A droplet added to our lives
To stay and share infinity
You are a song, you are the words,
You are our cries of joice flying to you!!!

August 29, 2006.

Musicalement-tienne

C'est une chanson, c'est des paroles
C'est une personne, c'est une voix qui me rend folle.
Je dis juste ce que je pense depuis la nuit des temps
Alors je dis que je t'aime indéfiniment.

Même si le départ ça a calé
On est pas tous parfaits on peut pas tous s'aimer.
Mais les erreurs sont faites pour être rectifiées
Ta voix m'a charmée, jamais je ne m'en remettrai.

Aujourd'hui petite Blandine devenue grande
Même si j'avoue au début je n'étais pas une grande.
Tu es une larme dans mes yeux
Une étoile dans les cieux.

Une petite goutte qui s'ajoute à notre vie
Pour y rester et partager jusqu'à l'infini
Tu es une chanson, tu es des paroles
Tu es nos cris de joie qui vers toi s'envolent !!!

29 Août 2006.

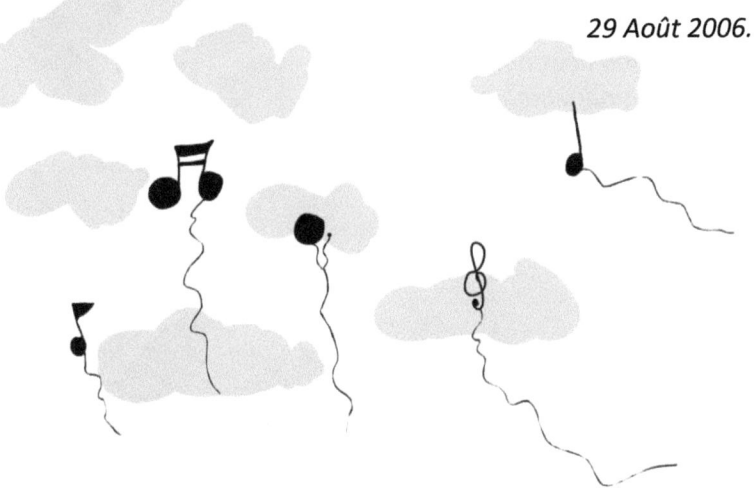

O! Thee

*O! Thee, butterfly flying in the wind,
Thee, who with thy many colours
Embellishes time.
O! Thee, butterfly with spreaded wings ;
How did you succeed in preserving
Your Freedom?*

*O! Thee, child of the moon,
You guiding me always
Despite my misfortune.
O! Thee, child of nature,
What have you done not to be
Captured?*

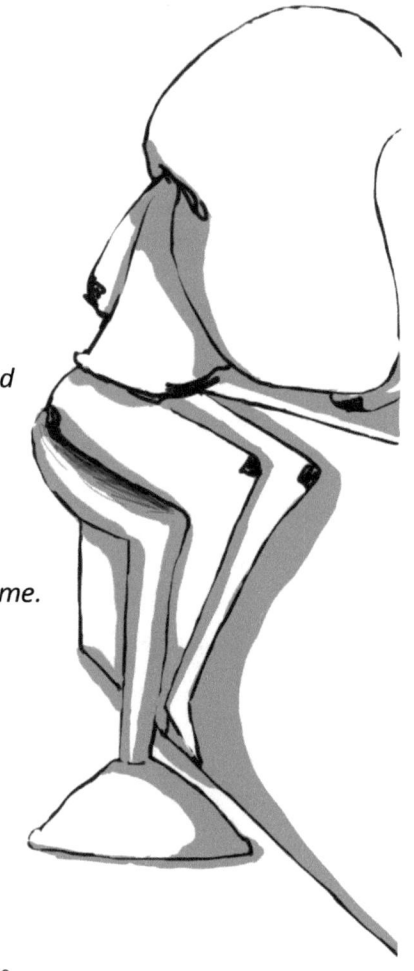

*O! Thee, beautiful fairy,
Laughing and flying
After your freedom.
O! Thee, beautiful and intoxicated
What have you done to love
Living?*

*O! Thee who does not see me.
Thee who undoubtedly
Still open your arms to welcome me.
O! Thee whom I love secretly.
How do you love
So truely?*

Oh ! Toi

Oh ! Toi, papillon qui vole au vent,
Toi qui sous tes mille couleurs
Embellis le temps.
Oh ! Toi, papillon aux ailes déployées ;
Comment as-tu fait pour garder
Ta Liberté ?

Oh ! Toi, enfant de la lune,
Toi qui me guide toujours
Malgré mon infortune.
Oh ! Toi, enfant de la nature,
Qu'as-tu fait pour ne pas que l'on te
Capture ?

Oh ! Toi, belle fée,
Toi qui ris et voles
Après ta liberté.
Oh ! Toi, belle et ivre
Qu'as-tu fait pour aimer
Vivre ?

Oh ! Toi, qui ne me vois pas.
Toi qui sans conteste
M'ouvres encore les bras.
Oh ! Toi que j'aime en secret.
Comment fais-tu pour aimer
Vrai ?

*O! Thee, delicate moth,
Thee who manages to love
Even after midnight.
O! Thee, butterfly I envy
How do you caress
Envy?*

*O! Thee, brave woman,
Thee who without knowing
Has no age.
O! Thee, impressive woman,
How do you not shatter
Your armor?*

*O! Thee! Yes, thee!
Woman among many others
Forgiving me my faults.
O! Thee, sailing faraway
Let me share with thee
A segment of thy way.*

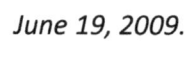

June 19, 2009.

Oh ! Toi, papillon de nuit,
Toi qui arrives à aimer
Même passé minuit.
Oh ! Toi, papillon que j'envie
Comment fais-tu pour caresser
L'envie?

Oh ! Toi femme courage,
Toi qui sans savoir est une
Femme qui n'a pas d'âge.
Oh ! Toi femme d'envergure,
Comment fais-tu pour ne pas briser ton
Armure ?

Oh ! Toi, oui, toi là-bas !
Femme parmi tant d'autres
Qui me pardonnes mes fautes.
Oh ! Toi qui vogues au loin
Laisse-moi partager avec toi
Un bout de ton chemin.

19 Juin 2009.

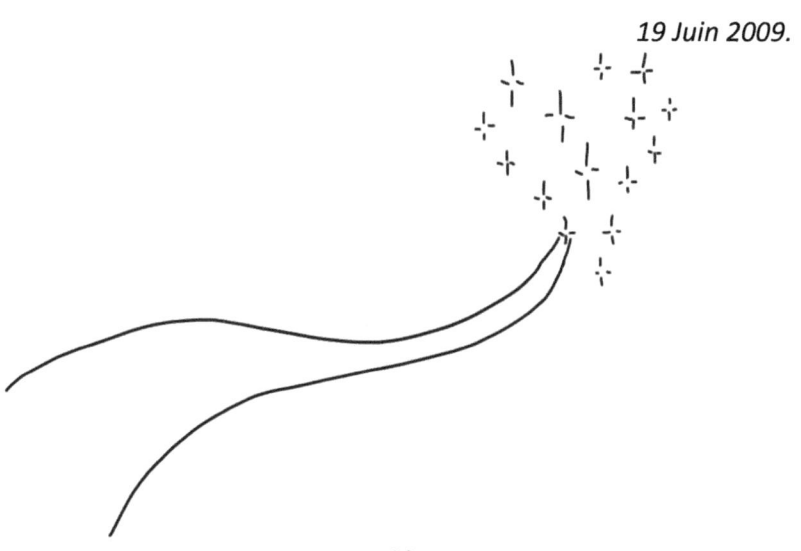

Words Of Love

Leave a note on the doorstep,
Leave a note attached to her keys,
Leave a note here and there ;
Even if you are talking non-sense.

Tell her you love her,
Tell her she's beautiful,
Tell her what you wish ;
But say it also looking into her eyes.

Write her little notes,
Scattering them everywhere.
Write, or even draw,
And slip them into her briefs.

Invent a language for yourselves,
Only she will understand you.
Invent a world for yourselves,
So that your planets merge.

Leave it on her pillow,
Leave it on the mirror,
In your bathroom,
Or in a corridor's murmur...

4 Juin 2009.

Petits mots d'amour

Laisse un mot sur le palier,
Laisse un mot accroché à ses clés,
Laisse un mot ici ou là ;
Même si tu dis n'importe quoi.

Dis-lui que tu l'aimes,
Dis-lui qu'elle est belle,
Dis-lui ce que tu veux ;
Mais dis-lui aussi dans les yeux.

Ecris des petits mots,
Parsème-les un peu partout.
Ecris ou bien dessine,
Glisse-lui dans ses dessous.

Inventez-vous un langage,
Elle seule te comprendra.
Inventez-vous un monde,
Pour que vos planètes se confondent.

Laisse-lui sur l'oreiller,
Laisse-lui sur le miroir,
Dans votre salle de bain,
Ou dans un bruit de couloir...

4 Juin 2009.

Poem Of The Day : (Saturday, the 23rd of May 2009)

The day is gray, here

The rain is here.
But as soon as I think of you
The sun is here.
Not too far from my mood
To be a consolation to my heart.

Untitled Poem

Here or there
Their place or mine.
Somewhere else, maybe
Anywhere else I feel alright.

Everywhere or maybe there
Is not in your arms.
Leaving, staying
Staying and even leaving
There is only to choose.

June 19, 2009.

Poème du jour : (*Samedi 23 Mai 2009*)

                Ici, il fait gris.
Il y a la pluie.
Mais dès que je pense à toi
Le soleil est là.
Pas bien loin dans mon humeur
Pour redonner du baume à mon cœur.

Poème sans titre

Ici ou là
Chez eux ou chez moi.
Ailleurs peut-être bien
Ailleurs je m'y sens bien.

Partout ou bien là-bas
Ce n'est pas dans tes bras.
Partir à en rester
Rester et même partir
Il n'y a qu'à choisir.

19 Juin 2009.

How I Love

How I love life
How I love time.
Those who envy me
Are waisting their time.
I love the sun after the rain,
I love rain and that's it
If it is daytime or night-time.
Those who envy me have got it wrong.

I love the wind and the shadows,
I love twilight.
I love life
And those who envy me, weary me.

I am life
I love life
Never does she bore me,
Never am I bored,
Never do I envy it.
And the sun, like the wind
Loves life and takes the time
To love again
And even now.
What of life ;
It is like time
When the sun marries the moon ;
Because they wish to be one

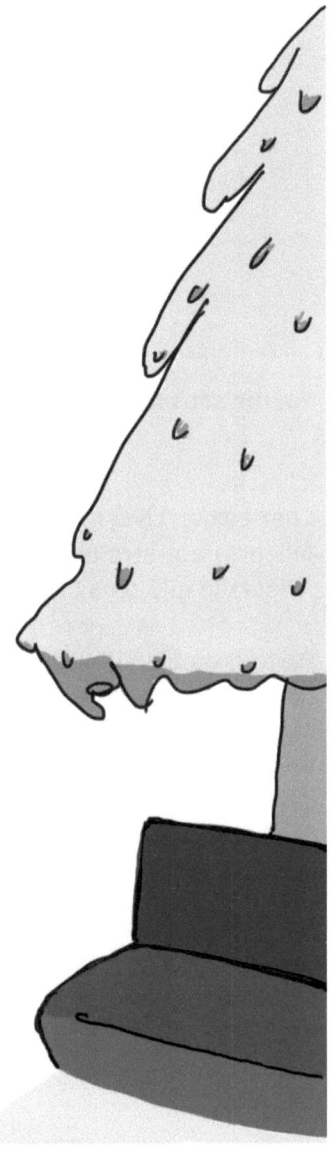

Que j'aime

Que j'aime la vie
Que j'aime le temps.
Ceux qui m'envient
Perdent leur temps.
J'aime le soleil après la pluie,
J'aime la pluie et puis tant pis
Si c'est le jour ou bien la nuit.
Ceux qui m'envient n'ont rien compris.

J'aime le vent et l'ombre,
J'aime la pénombre.
J'aime la vie
Et ceux qui m'envient m'ennuient.

Je suis la vie
J'aime la vie
Jamais elle ne m'ennuie,
Jamais je ne m'ennuie,
Jamais je ne l'envie.
Et le soleil tout comme le vent
Aime la vie et prend le temps
D'aimer encore
Et voir maintenant.
Qu'importe la vie ;
C'est comme le temps
Où le soleil épouse la lune ;
Car elles aussi veulent ne faire qu'une

Our beautiful planets
That make
No mistakes,
Also wish
To keep theirs.
Kept secrets
Well hidden
Like the Mountain of Gold
Well done.

June 19, 2009.

Nos belles planètes
Qui ne commettent
Aucune erreur,
Veulent elles aussi
Garder les leurs.
Secrets gardés
Et bien enfouis
Comme le mont d'or
C'est réussi.

19 Juin 2009.

If you "he" we will "they" (to him)

I hope that the person you will love,
Will be worthy of your love.
That whenever you are away,
She will waste away.
That hurting you will hurt her,
And that you be everything to her.

That your life be only joy and happiness.
That your path will not be full of pitfalls
And that any obstacle
She will brush away
The bad weeds that will grab you.

I hope your heart will ignite
Butterflies burning you
And that no one manipulates you.
That your love repaid to you tenfold
And that you live a thousand lives in one life, this life,
And that you just be happy with him.

May 21, 2009.

Si tu "il" nous vous "ils" (À lui)

J'espère que la personne que tu aimeras,
Sera digne de ton amour.
Qu'à la moindre de tes absences,
Elle en crèvera à petit feu.
Qu'elle aura mal de te faire mal,
Et que tu sois tout à ses yeux.

Que ta vie ne sera que bonheur et joie.
Que tes pas ne seront pas semés d'embûches
Et qu'à la moindre bûche
Elle balaiera avec son bras
La mauvaise branche qui t'accrochera.

Je te souhaite d'avoir le cœur qui s'enflamme
Des papillons qui te brûlent
Et que personne ne te manipule.
Que ton amour sera rendu au centuple
Et que tu vives mille vies dans une seule, cette vie,
Et que tu sois juste heureuse avec lui.

21 Mai 2009.

A kiss for a Heartbeat

To my dearest Blandine.
Our dearest Blandine.
That we carry in our hearts
Him whom she fills with happiness!!

A great THANK YOU does not suffice
So a thousand THANK YOUS

And thousands of kisses
To thank you

And if it still isn't enough
I will do twice as much

One for each day (that they be even more rare and
           [precious)
One for each star in the sky
One + one + one + one + one + one....

One.
For each one
Of my heartbeats...

. Simply . Thank you . Blandine .

                    . À Jamais .

                              15th of June 2006.

Un baiser pour un battement de cœur

À ma très chère Blandine.
Notre, très chère Blandine.
Que nous portons dans notre cœur
Celui qu'elle emplit de bonheur !!

Un grand MERCI ça ne suffit pas
Alors mille MERCIS

Et des milliers de baisers
Pour te remercier

Et si ça ne suffit pas encore
Je t'en ferai 2 fois plus

Un chaque jour (pour qu'il soit plus rare et plus précieux)
Un pour chaque étoile dans le ciel
Un + un + un + un + un + un...

Un.
Pour chaque battement
De mon cœur....

. Simplement . Merci . Blandine .

                    . À jamais .

15 Juin 2006.

To The Lost Souls

From these hearts
Unhappy
We hope
That one day,
They will love
Again...

But may they know
Above all
That after the healing
Another door
Exists
And that it is
Up to them
To open it...

The sun
That is awaiting them
Will warm up
Their hearts
Wounded
And maybe
To help them
A little
Someone
Who loves them
Will reach out to them.

Aux âmes perdues

De ces cœurs
Malheureux,
Nous espérons
Qu'un jour,
Ils aimeront
De nouveau...

Mais qu'ils sachent
Surtout
Qu'après la guérison
Une autre porte
Se trouve,
Et qu'il ne tient aussi
Qu'à eux de
L'entrouvrir...

Le soleil
Qui les attend
Réchauffera
Leurs cœurs
Meurtris
Et, peut-être,
Pour les aider
Un peu
Une personne
Qui les aime
Leur tendra la main.

*And maybe even
That with a little
Wisdom,
They will know
At that moment
That they are no longer alone
On this planet.
They will see,
Certainly,
That they are not the only ones
To suffer*

*Then will
Resume,
In a more promising
Light,
The uplifting of their hearts
Ravissement
Of their sincere
Smiles.*

*V.A.
November 22, 2011.*

Et peut-être même
Qu'avec un peu
De sagesse,
Ils sauront,
A ce moment,
Qu'ils ne sont plus seuls
Sur cette terre.
Ils verront,
Sûrement,
Qu'ils ne sont pas les seuls
A souffrir.

Alors pourront
Redémarrer,
Sous des jours
Prometteurs,
L'ensoleillement
De leurs cœurs
Et le ravissement
De leurs sourires
Sincères.

V.A.
22 Novembre 2011.

Fields

It is when everything turns off and that is only you.
That the breeze in vain, breaks and sows ;
On the poppy fields
Burned by the sun ;
Brought back afar, by sleepless waves ;
Where brave sailors
Lost in the drizzle (of fields of spelt,)
Then your loved ones' hearts choke up. (from others' hearts.)

The dance of these plots
Makes us break the glass
Of our tears held back.
Born from these little hands
Through the Hammer of Making
Judge nothing good.

January 3, 2012.

Champs

C'est quand tout s'éteint et qu'il ne reste que toi-même,
Que la brise, en vain, vient se briser et sème
Sur les champs de pavots
Brûlés par le soleil ,
Ramenés au loin, par des vagues sans sommeil ;
Où, de braves matelots
Perdus dans le crachin, (*des champs d'épeautre,*)
Vient s'étouffer à jamais le cœur des siens. (*du cœur des autres.*)

La danse de ces lopins
Nous fait briser le verre
De nos larmes retenues.
Nés de ces petites mains
Grâce au marteau de faire
Juger de rien de bien.

3 Janvier 2012.

O Children Of The Moon

O children of the night
On whom the sun
Never shines bright.
O children of life
Living with the moon
As their only friend.

I wish the sun would give you
Love as only gift
The moon is your only day
Like the window of sunlight
We give everything up
Of what the sun has taken from you.

How I wish my flesh would burn
To find in me this formula
I would give my life up a thousand times
Without doing anything
To give back to your pale cheeks
The pink of an innocent child

And when the sun will rise
We will see together
How he too will love you

Ô enfants de la lune

Ô enfants de la nuit,
A qui jamais le soleil
Ne sourit.
Ô enfant de la vie,
Qui vit avec la lune
Pour seule amie.

Je voudrais que le soleil te rende
L'amour pour seule offrande.
La lune est votre seul jour
Comme fenêtre du bon jour.
Nous donnons tout de nous
De ce que le soleil vous a pris.

Comme j'aimerais que ma chair brûle
Pour trouver en moi cette formule.
Je donnerais ma vie mille fois
Sans faire n'importe quoi,
Pour rendre à vos joues blanches
Le rose d'un enfant sans revanche.

Et lorsque le soleil se lèvera
Nous pourrons voir ensemble
Comment lui aussi vous aimera.

O children of the moon
I am giving you my heart
For lack of my fortune
I give you all of my time,
My heart,
If there is still time.

July 28, 2012.

Ô enfants de la lune,
Je vous donne mon cœur
À défaut de ma fortune.
Je vous donne tout mon temps,
Mon cœur,
S'il en est encore temps.

28 Juillet 2012

À toi

À toi
Qui disais
L'avoir tant aimé.
Qui aujourd'hui
Préfères l'oublier.

À toi
Qui brides
Ton cœur à jamais,
De peur de mourir
D'un chagrin trop lourd.

À toi
Qui me parles
Et m'ouvres ton cœur,
J'ai envie de te dire
Que l'amour fait vivre.

À toi,
À lui,
À eux,
À vous,
C'est nous.

Les plus forts
Et les plus gentils.
Les plus braves
Et les moins chanceux.

Mais qu'importe.

Nous serons, un jour, tous heureux.

2 Décembre 2011.

Sans souci

Je regarde le ciel en pensant à toi.
En me disant que de belles choses
S'envolent, et rendent
A mon cœur et ma vie
Ce qu'il n'y avait plus jusqu'ici.

Et de ton sourire
Mon cœur garde les éclats
De rire, aux larmes,
Où ta bonté m'inspire.

Ton cœur s'il n'était jamais parti,
Me revient aujourd'hui
Dans une lumière aveuglante
Et chaleureuse.
Tumultueuse.

Ton visage a remplacé les nuages gris
Qui, flottants dans le ciel,
Dansaient la folle farandole
De nos tristesses d'aujourd'hui.

Ils ne savent pas que ta voix me fait vivre,
Que ton regard me déstabilise,
Et que ton âme nourrit la mienne.
Une âme qui, jusque-là, voguait en peine.

S.M. - 17 Août 2012.

Si le sommeil s'en est allé,
Et sur le seuil, là, m'a laissée,
C'est pour que conscience je prenne,
Et que je vaille sans peine,
Un peu plus fragile qu'il n'y parait
Qu'aux yeux du monde soit fait
La solitude de vérité
Sans nom, ne portera jamais.

29 Décembre 2012.

Crémation

À
Celle qui n'aimait pas les fleurs
Et qui pourtant en aura eu.
Celle avec qui roulait au vent
Surtout sous une belle pluie.
J'aimerais dire ces quelques mots :
Il n'y aurait eu plus belle cérémonie
Où l'on puisse dire
"C'était joli".

A Bernadette. 1955 - 2012

20 Juillet 2012.

CONTE
LE VIEIL HOMME ET SA PIPE

Le vieil homme, fragile, marchait le long du port qui l'avait vu grandir. Son regard se perdait souvent sur les enfants qui croisaient son chemin. Il se souvenait de lui quand il était si petit.

Il se souvenait des batailles qu'il avait durement livrées avec son frère sur leur bateau Pirate. Des butins amassés, de verres de grenadine qu'il avait payés à la Taverne de la Chaloupe, des canons qui assourdissaient tout le monde pendant les assauts, des cris de joie des autres marins à la découverte d'un trésor... Des hommes morts.
Il n'oubliait pas la place noire de monde pendant les criées et de la crise qui ruina les plus pauvres et enrichit les plus riches.
Puis, il avait grandi.
C'était un exploit chez les vrais Pirates !

Il était d'ailleurs le dernier vestige vivant de cette époque tant regrettée.

Aujourd'hui, il repensait à tout cela le cœur léger et lourd à la fois. Il aurait aimé vivre une dernière aventure avant de partir au large comme tous les autres.

Regardant, la pipe au bord des lèvres, ce que son âge avancé ne lui rendrai jamais ; il entreprit de reprendre sa route sur le port. Une voix au fond de lui criait et lui nouait le cœur.

L'envie de repartir était devenue bien plus forte que lui...

En attendant demain

Il y a tellement de belles choses réelles à voir ; auxquelles croire, dans ce monde empreint de matérialisme profond et d'amertume que les cœurs ont forgé avec le temps. Une froideur visible à l'œil nu...

Bon nombre de ces cœurs sont à prendre mais d'aucun ne se laisse attraper de peur de voir leur souffrance s'étaler un peu plus et la crasse du monde prendre la place de leurs sourires.

Les plus beaux visages perdront de leur éclat, et les plus belles âmes sècheront sûrement d'épuisement avant la fin du siècle prochain... Ils iront nourrir la terre qui se meurt de leurs sanglots embourbés de sang... Et nous prierons pour leurs âmes.

En attendant demain...

V.A.
22 Novembre 2011.

Tous les anges ne vivent pas au paradis...

.BONUS.
à ma deuxième Muse, S.D.

DE SOIE ET DE VELOURS

Je sens le velours
Délectable
De sa peau
Dessous moi,
Je sens la douceur
De la soie
Qu'est sa peau
Sous mes doigts.

Un étourdissant
Tourbillonnement
Me gagne
Nonchalamment.

Son corps
Immortel
M'enchaîne
Fatalement à elle.
Son corps tel
Un cordon de velours
S'enroule autour
De moi.

Son emprise
M'emprisonne
Et telle une folle
Je déraisonne.
Mais les larmes déversées
Par nos plaisirs charnels
S'égayent
Dans l'amour.

Je sens son corps
Onduler
De plaisir
Dessous moi,
Je sens notre amour
Délivrer sans détour
La jouissance
Sous nos doigts.

Nos corps réunis
Partagent nos envies
Dans la nuit
Qui nous suit.

Et nous marierons
Amour et envies
Car nous sommes réunies
Pour le reste de nos vies.

ÉCOUTE LE MONDE

Écoute le monde
Comme il s'emploie
À t'aimer.
Regarde le
Avec le cœur
Bien dégagé
De sentiments
Mauvais.

Le monde est à toi,
Oui mais voilà
Tu n'as plus confiance en toi,
Oui mais voilà
Tu as peur sans toi.

Tu pourrais donner à l'amour
Une autre chance de t'aimer
Et te chérir à volonté.
Mais ton cœur n'est pas prêt
À s'engager
Pour quelconque éternité.

Regarde le monde
Comme il est beau !
Il t'ouvre ses bras,
Il t'ouvre son cœur,
Il attend de lui
Que tu n'aies plus peur...

DORMEZ EN PAIX MES ENFANTS

De sa main délicate,
Elle porte un doux baiser
Sur le visage de ses enfants
Pour se soucier que leurs rêves
Soient, au moins, aussi bons et beaux
Que leurs rires dans le vent.

De sa voix douce,
Elle leur sourit des histoires
Pour qu'ils s'endorment
Paisiblement
Et n'oublient jamais qu'elle les aime
Au-delà d'elle-même.

De son regard attendri,
Elle les voit grandir
Et les rend fort par la force
De leur amour...

Elle leur parle avec son cœur
Et le gravera dans le leur :
"Dormez en paix mes enfants,
Je serai votre mère
Jusqu'à la fin des temps".

De son cœur lourd,
Elle les verra partir un jour,
Avec tout cet amour.
Alors elle priera comme
Elle a toujours prié,
Avec un cœur, tout émietté...

À CHACUN DE VOS EXPLOITS

Je vous vois
Et vous entends.
Je vous regarde passionnément.
Des premiers rots
Aux premiers mots.
Des premiers pas
Aux premiers "mama".
Vous n'êtes pas grands
Vous êtes géants !

Jardin d'enfants.
Jardins,
Enfants,
Maman.
Je vous vois grandir,
Par les mots,
Par les gestes,
Par les câlins
Et tout le reste.

Je serai là,
Toujours.
À chacun de vos exploits !
Pour vous aider
Après avoir trébuché,
Ou vous aimer
Après vous avoir grondés !
Je vous aime
À en être révoltée !

Mon amour gravira,
Par de ça et là,
Les montagnes,
N'en doutez pas !

À chacun de vos exploits,
Je serai là.
Où qu'ils soient,
Et quoi qu'il en soit.

Je vous verrai toujours,
Même si je n'suis plus là.
Alors vous penserez à moi,
Et je serai là,
À vos côtés,
Pour toute l'éternité...

REMERCIEMENTS

Merci à mes Muses Cécile et Sandrine. Merci à Clarisse, Anne-Claire, Caroline, Czilla et son mari. Merci à Christine et Serge pour leur aide qui m'a été indispensable à la préparation de ce livre. Merci à Blandine Maurice pour m'avoir prêté son talent et l'avoir affiché sur ma couverture. À Véronique Alycia. À celles qui m'inspirent mais qui ne le savent pas.
Aux femmes. Mes plus belles lumières dans l'obscurité.
À l'amour !
À ceux qui osent aimer.!
Aux poètes.

Merci à vous, mes lecteurs.

Un chouette merci à eux :
Marie-Ange Lopez ; Marjorie Gallucio ; Seroan ; Christine Weber ; Alexa, Nawel BS ; Gelweo ; Amandine ; Anaïs Tarasconi ; Blandine Aggery ; MrMatt ; Leeloo ; Virginie Velu ; Bruno Wiel ; Czilla Kesy ; Lydia P ; Marine Cassara ; Mélanie ; Cécile Robin ; Anne Lemoël ; Alexandre Colella ; Mélissa MJ ; Soem ; Jean-Baptiste Barois ; Roch ; toonboxstudio.com ; Tadrina Hocking ; Fleur, Gaëlle et Zora ; Calou Gatineau ; Vanessa Magnat ; Isa ; Léa Atoui ; Priscilla Fouché ; Cécile ; Daniel Adin ; Jacques Viallatte ; Delattre & Heno ; Amélie Priovoso ; Christian Vandecasteele ; Caroline G ; Fleurine Rétoré ; Catherine ; Mes cousines Maryline et Jessica ; Fox ; The Derby Girl Betty Garbage ; Bluette M ; Catoo P ; Jean-Luc ; Aux amoureux Seb et Pauline ; Christian Sclacmender ; Maud Rouzé ; Touriya El Araichi ; Miguel Guervos ; Marie-Laure Adam ; Olivia L ; Aurélia G ; Maxime B ; Marion Bendyk ; Jérome Cosniam et Tom Witwicky.